serie poética club

:: **Borderline**
Andrés Norman Castro © ::
ISBN-13: 978-0615872131

Para esta edición: chuleta de cerdo editorial © 2.13 todos los derechos reservado de autor y editor. Quezaltenango, Guatemala.

No está permitida la reproducción total o parcial de este libro, ni su tratamiento informático ni la transmisión por ninguna forma o cualquier otro medio, ya sea electrónico, mecánico, fotocopiado, registro y otros medios sin el permiso de los titulares del *copyright.*

serie poética club No. 11 // Esta obra se terminó de imprimir, encuadernar y empacar en la ciudad de Quezaltenango departamento de Quezaltenango, Guatemala, C.A. en Impresionarte y los talleres de Chuleta de Cerdo Editorial, en el mes de Abril- del año 2013.

arte de portada e interior: **Alejandro Marré** ©

:: **Contacto editorial:** info.dr.calavera@gmail.com ::

BORDER LINE

ANDRES   NORMAN   CASTRO

chuleta de cerdo editorial

BRODERLINE

La poesía, ese espléndido y doloroso trastorno de los valerosos, de los que armados únicamente con la voluntad y la intuición se adentran por los recorridos impuestos de la existencia, debatiendo contiendas tormentosas de las cuales pocos salen ilesos.

Andrés Norman Castro es uno de esos valientes que han tomado la vida desde y a través de la poesía, lanzándose al gran vacío de los necios y tomándose la molestia de codificar la experiencia en versos.

Borderline es una bitácora en donde su autor permanece en un constante ejercicio de reflexiones, que como poeta seguramente duelen. Poemas contundentes que nos desnudan y recuerdan que somos solamente diminutos seres humanos, epicentros de la vida y la muerte.

Imagino al poeta que no lucha contra dragones o ejércitos, si no tan solo sobrevive a la muerte rutinaria de un mundo ciego, y desempolvando sus alas se reincorpora en el acto milenario de los que han abierto los ojos.

Borderline podría ser un trastorno, pero uno deleitoso que oscila entre el éxtasis y la depresión, no en el simple capricho, sino en la seguridad del que persevera y conoce el camino espinado.

De su poesía celebro el lenguaje contemporáneo hecho a fuerza de teclazos y submundos, ese lenguaje pulido con los ojos derretidos frente a un ordenador, maquinado seguramente a altas horas de la noche cuando el Gabo duerme y la poesía se deja tocar por los poetas.

Este es el tiempo de Andrés, un tiempo en donde cada palabra cuenta y trae consigo un equipaje misterioso con el que nos habla desde su escenario más honesto.

ALEJANDRO MARRÉ
Guatemala 2013.

"Para Gabriel y Delia; poesía y sonrisa."

*"Fui lo que fui: una mezcla
De vinagre y aceite de comer
¡Un embutido de ángel y bestia!"*

Nicanor Parra

¿Y si Jesús hubiese dicho:
"El país que esté libre de culpa, que tire el primer misil"?

Si yo hubiera sido un Rey Mago,
seguro llevo una pulserita de coral
para que no le hagan mal de ojo
al Niño Dios.

Ayer intenté hervir agua bendita
y atrapar al espíritu santo
en las gotas que quedaron
en la tapadera de mi cacerola.

Me pregunto si Jesús se metió el dedo en la nariz y se hurgó hasta sacarse un moco de esos duros -que duelen y molestan- y si habrá tenido sabor a frutas.

El hastío perpetuo
probablemente se inicie
un lunes.

Soy un precipicio
al que le dan migrañas,
que consulta a Dios en el Facebook,
que le gusta la Kim Kardashian,
que ve la televisión de 6 a 10 PM,
que se ve ridículo y vulnerable cuando duerme,
que despierta con mal aliento
que le hace el amor a ella
o a su mano, llorando, hasta caer
[dormido.

Yo soy un precipicio
que tendrá hijos
que van a hacer lo mismo,
a ser lo mismo
incluso, precipicios.

Hay algo espiritual
en darle su lechita
a Gabriel.

Gabriel sabe que la Navidad es puro mercadeo y que Santa Claus vende tortas brasileñas durante el resto del año, cerca de la Universidad jesuita.

**Con Gabriel
soy el peor de los capitalistas:**
"¡Esa boquita es mía
y esas manitas
y esos pelitos
y esas piernitas
y esa cabecita
y esa caquita
...todo, todo, todo
es mío!"

Hoy cumple un año Gabriel. Despertó orinado y llorando a las 4 de la mañana y no se volvió a dormir. Se me olvidó felicitarlo, hasta el medio día, mientras el devoraba un colado de banano.

01/07/11

Hoy –de verdad– cumple años Gabriel. Despertó con hambre y llorando a las 5 de la mañana. Lo felicité al cargarlo en la madrugada antes de que se volviera a dormir, con su cabeza en mi pecho, antes de que saliera el sol.

02/07/11

Anoche soñé con la Kim Kardashian. Soñé que la veía acostada -en tercera persona- murmurando que ella era Delia y cuando vi su closet, tenía un poster con la cara de mi mujer, y a la par de su cama, una foto mía con lápiz labial de su boca.

Hoy que estuvimos juntos
y te bajé ese jeans apretado
que tanto me gusta
vi tu tanga
ya decolorada
y me sentí
entre viejos amigos.

Son las 6:20 AM y el despertador está.
                              [Como loco,
pero pronto se apagara solo de la vergüenza
                              [de vernos desnudos
haciendo lo que hacemos.

Cuando nos reconstruimos
sobre la explanada del corazón
entendí que mi hogar no era otro
que esas cuatro paredes de aguamiel
que fluyen desde tu pecho
y donde me hospedo
junto al fruto que nos robamos
del árbol de la Vida
y que apodamos Gabriel.

Siempre estoy pensando en vos.
Te pienso en la multitud,
cuando estrecho tu mano imaginaria
a un lado de mi cama,
en el eco de un gas atrapado en el inodoro,
y hasta cuando estoy conmigo mismo.
Pero para esos momentos de pensar,
pensamientos y pensarte,
Dios en su infinita bondad,
me dio la solución en la palma -izquierda- de
la mano.

Mi abuelo cumplió 90, de cariño le decimos Papayel y hoy lo recordé en el sillón color crema de la sala de nuestra casa -casa que a veces también fue suya- contándonos mitos fantásticos a mis hermanos y a mí, hace 18 años, para convencernos de ser buenos hijos.

Los Beatles me recuerdan a mi papá
y a Guatemala
"I say Hello and you say Good-bye"
cuando suenan en la radio
durante el tráfico de las 5 de la tarde.

Yo quise nacer de un huevo, para ser dejado a la intemperie en un nido maltrecho por una pájara cualquiera, sin que me calentara, ni me alimentara, ni me enseñara, ni me abrieran un crédito de vida a plazo eterno y con cuotas diarias.

Yo quise ser feliz así, con las piernas quebradas pero en vuelo alzado.

En memoria de Gonzalo Rojas y Ernesto Sabato, que nos despertaron sin ellos.

Algunos escritores deberían ser criaturas puramente nocturnas porque la muerte nos enseñó que la madrugada es de ella y que los héroes mueren soñando.

Muertos incómodos
En memoria de Roque Dalton.

Después de muertos
todos somos pobres.
Nos enterramos en todas partes:
en un recoveco
entre el lóbulo occipital y el parietal,
en las nubes que desgastan el cielo,
en los versos liberados del verso libre
o en el casquillo de una .357.

Pero también hay muertos distintos.
Estos se entierran en el acto,
se hilvanan fantasías redentoras
y se asume demencia incurable.

Pero ante todo esfuerzo,
seguirán siendo cuñas que detienen puertas;
muertos incómodos.

Soñé que cenaba 5 tacos de res con aguacate en Los Tacos de Paco, pero
éstos estaban envueltos con papiros llenos
de poesía y se escurrían palabras a gotas
sobre el chirmol en mi plato.

Dame un beso de pólvora
que me haga soñar
con otro mundo, otro nombre, otra tú.

Dame un beso de pólvora
que duerma mi pasado irreconciliable
y construya mi Ello.

Dame un beso de pólvora
que desplace mi Ego
y nos lleve a la Luna
donde vivamos juntos
dentro del cráter más grande.

Dame un beso de pólvora,
solo uno.

No llorés mi amor
no es tu culpa que seas gorda
No estés nostálgica
por el pelo largo que te recortó la policía
                                    [anoche
No te lamentés
porque tu vagina ya no aprieta
No te quejes por los moretes
que te dejaron los golpes del bate de tu chulo.
No te pongas triste
porque te gritan "marica" en la calle
Ellos no te conocen como yo,
no te besan como yo,
no te recorren como yo,
mi puta vieja.

No hay nada peor que
jugar botella
con la computadora.

Padre nuestro que estás lejos de acá,
a veces no entiendo por qué luchas por
                                    [nosotros
si tantas veces te hemos hecho sentarte a llorar.

Mejor vete lejos,
donde no hayan otros como nosotros
y haya un Andrés que te escriba odas
en vez de estas líneas.

[Asimilando a Nicanor Parra]

Pobres niños, niños pobres,
pegados con engrudo
en un lugar donde se reparan labios rotos,
deseando ser algo más que vendedores de cenizas
en el camino al volcán.

En El Salvador
debieron empezar las extorsiones con Dios
y los negocios de sus accionistas.

Después,
debieron de haber perseguido y torturado
las nubes de la ciudad
y derramado la lluvia en el mercado negro.

Pero no,
aquí se hace todo al revés
nos matamos entre pobres
y nos alegramos de salir en canal 4.

Busco tu nombre,
una y otra y otra vez
en las actualizaciones del Facebook,
a pesar de que estás sentada
frente a mí.

A las 8 de la noche de viernes
las calles de San Salvador se recogen
y por un momento solo queda el eco del silencio
a la espera de que te maquilles sentada en el
[inodoro
viendo al espejo mientras te polvoreas la cara
para tapar tus poros por donde se te escurre el
[fuego
cuando te compartes con otro
con todos
porque sos demasiado bella para uno
para mí
para ninguno.

Transitando por Salvador del Mundo
a las once de la noche
Dude looks like a lady
y suena Aerosmith en la 94.9 FM ASTRAL

Hay hombres llamando a la estación de radio para buscar mujeres de buenos sentimientos para una relación seria y dicen que tienen trabajo y carro como su encanto y su oferta, respectivamente.

Recordando a Delia

Antes de dormir pensé en ti.
Me imaginé el color de tu ropa interior,
la forma de tus pechos cuando los aprieto
y tu frunces el ceño
pero no de enojo
sino por el placer que te provocan
las hormigas rojas que recorren tu cuerpo
cuando nos hacemos uno
y no hay agua que nos separe.

Me gustaría tener un perro Labrador negro, tamaño *Bonsái*, para llevarlo conmigo a todas partes, incluso, a nuestra cama.

En memoria de mi Hyundai Accent.

Ayer te fuiste,
hijo primogénito.
Se llevaron tus ojos amarillos,
a media noche,
y llore al ver
que te fuiste derramando
tu preciada sangre 5Rh30,
aunque me consuela saber
que llevaras alegría
-mal habida-
viviendo por siempre
dentro de otros,
mi donante involuntario de órganos.

5 de febrero de 2011

Cada vez que Delia me abraza y me empierna, en la cama, se
convierte en mono y me trepa con esfuerzo como a una ceiba.

Desperté envuelto en nuestros pecados,
y clame tú nombre
aun cuando sabía que todo estaba perdido
después del amor.

Desperté y amé tus olores,
un poco más,
aun los fétidos.

Soy tu hijo caído
que despertó amándote
fuera de toda gracia
como un perro callejero
que ama la sobra al medio día.

Cuando te fuiste
y me dejaste solo en la habitación
entré desnudo al baño
y al abrir la tapa del inodoro
vi el pez
que me habías dejado nadando
así, de lado
y entendí la inmensidad de nuestro amor
cuando me negué a liberarlo
a la inmensidad del mar.

Esta noche salió,
por Noticias 4vision,
Federico García Lorca,
el capitán de "Granada",
un barco pesquero en el
Golfo de Fonseca.

Juro que ayer vi
afuera del cine en Metrocentro,
"Natural Born Killers: Reloaded"
con Gustavo Adolfo "El Directo" Parada,
Moisés Urbina
y Margarita Parada.

Ayer murió
frente a la puerta de mi casa,
un bebé
perforado entre las costillas
por los rayos del sol
y a un lado,
un biberón lleno con Coca-Cola.

Hubo un día en que el gran distribuidor de droga de apodo "RIM" decidió dejar de trabajar y todo el mundo se volvió loco, tembloroso, sudoroso, obsesivo, débil y patético; mientras duró la abstinencia.

Ahora soy un confeti,
un minúsculo círculo de papel rayado
-por la camisa-
desparramado en el concreto
contiguo a un teléfono de monedas
esperando,
simplemente esperando.

Quisiera ser el que le escribe las respuestas filosóficas de las entrevistas y el que le asiste en la memorización de la amalgama ontológica espiritual a la Lady Gaga.

Me gusta cuando llueve en Diciembre
porque me recuerda que Dios no ha perdido
la capacidad de sorprendernos
y que hasta él se atrasa
lavando la ropa sucia.

A pesar del incremento del calor de las brazas,
llueve sobre el fuego
y las ratas, plagas y demás seres
evaporan las gotas cuando caen en sus lenguas
y el infierno sigue igual.

El calor no se cansa en San Salvador
donde la lluvia se divide tantas veces
y en tantas gotas
para bañar
-un milímetro al menos-
a cada perro sin hogar
que ronda buscando su cuerpo
entre los hombres que transitan la ciudad.

Cuando sea grande quiero ser diputado
para renunciar al cargo,
para dispararle a la policía,
para amenizar piñatas,
para ser la vergüenza de mis padres,
para tener una camioneta polarizada,
para no dar clases de Inglés,
para darle lástima a las mujeres bonitas,
para que me digan cómo hacer mi trabajo,
para comer de gratis
para ser un poco mejor que una rata
para tener cuello aun en camiseta
para ser el terror de los niños
para que hablen de mí en el periódico
para no tener principios
para tener enemigos
para ser un sinvergüenza
para ser el padrastro de la patria

Cuando sea grande quiero ser diputado
para saber qué se siente ser diputado
en El Salvador

Me pregunto si **los nietos de los presidentes de la posguerra** de mi país, van a escuchar historias legendarias de sus abuelos o solo chistes rojos.

La línea de latas
apretujadas en el cielo negro,
el humo negro,
las caras anónimas,
incógnitas,
que gritan
sin crispar su rostro,
sin abusar del rímel
y la música aun suena en mi cabeza.

A veces imagino mi muerte
y siempre es en mi trabajo, en días lunes, víctima de terremotos, accidentes viales descomunales y hasta de bombas nucleares.

Solo deseo haberme despedido de Gabriel y que crezca sabiendo que lo amé locamente. No quiero morir un lunes y menos, lejos de Él.

No sé que tiene una vejiga roja abandonada que no importa donde esté; quiero jugar con ella como un niño, como un idiota.

En la casa hay una pequeña caja de voces que grita por sus dos hocicos y profiere insultos, armonías, corchetes y otros menjurjes auditivos.

Aun cuando estoy contigo
y lo nuestro termina a cada parpadeo,
me consuela saber que
en mi cabeza aún suena la radio
como los domingos por la noche
con sus melodías lentas,
tonos altos
y las dedicatorias.

En los clasificados:

Se busca plaza para DIOS

Requisitos:

- Un doctorado en psicología.
- 2000 años de experiencia en puestos de liderazgo en el área de psicología clínica. (Comprobables)
- Habilidad para trabajar bajo presión.
- Flexibilidad y disponibilidad de horario. (Turnos matutinos, vespertinos y nocturnos).
- Habilidad de expresión oral.
- Destreza para trabajar individualmente.

Interesados, favor enviar CV con referencias a: **sebuscaunDios@gmail.com**

La radio me pide arrepentimiento
me dice cositas al oído,
me pide un beso,
maldice mi partida,
me rifa el barrio,
y me habla en lenguas

**Hoy sé que para Dios somos
una película pornográfica**
de las que se miran en la madrugada,
con el televisor en "Silencio"
para que los gritos no despierten
a mamá y papá,
que duermen en el cuarto de al lado.

Somalia es el calor.
Somalia es el basurero del mundo.
Somalia es el peor lugar para vivir.
Somalia es el peor lugar donde morir.
Somalia es el inodoro del mundo.
Somalia es el paraíso de las moscas.
Somalia es el México DF de los parásitos.
Somalia es el infierno de los niños.
Somalia es el lugar que Dios olvidó.
Somalia es una pila de brazas ardientes.
Somalia es África
Somalia es apatía
Somalia somos todos
y todos somos Somalia.

Vi el fin del cielo.
Termina súbitamente en una esquina
como en la esquina
de una mesa de comedor para 4.

Polaroids del final

Faltan dos minutos para el fin del mundo.

Dios ha tomado la forma de una vieja pedigüeña
a quien no le interesa saber más de
creaciones, cánticos o alabanzas;
Solo pide nuestra misericordia.

Faltan dos minutos para el fin del mundo.

Los pechos de las prostitutas callejeras
son fuentes del más fino Malbec
con el que han de bautizar los pájaros
que cantan mientras nos precipitamos al
                                              [abismo.

Faltan dos minutos para el fin del mundo.

He llamado a mi amor platónico
pero he descubierto que ya no es ella, sino él
y que murió de un infarto en el útero
mientras yo le escribía poemas de amor.
Se fue el nombre que tallaría en mi epitafio.

Faltan dos minutos para el fin del mundo.

El maldito tiempo resiste el fin.
Las agujas del reloj no adelgazan
aunque solo el canto de pájaros se escucha ya.
El cuervo es barítono en el coro.

Faltan dos minutos para el fin del mundo.

POEMAS

11 ¿Y si Jesús hubiese dicho?
12 Si yo hubiera sido un Rey Mago
13 Ayer intenté hervir agua bendita
14 Me pregunto si Jesús se metió el dedo en la nariz
15 El hastío perpetuo
16 Soy un precipicio
17 Hay algo espiritual
18 Gabriel sabe que la Navidad es puro mercadeo
19 Con Gabriel soy el peor de los capitalistas
20 Hoy cumple un año Gabriel.
21 Anoche soñé con la Kim Kardashian.
22 Hoy que estuvimos juntos
23 Son las 6:20 AM
24 Cuando nos reconstruimos
25 Siempre estoy pensando en vos
26 Mi abuelo cumplió 90
27 Los Beatles me recuerdan a mi papá
28 Yo quise nacer de un huevo
29 Algunos escritores deberían ser criaturas puramente nocturnas
30 Muertos incómodos
31 Soñé que cenaba 5 tacos de res con aguacate en Los Tacos de Paco
32 Dame un beso de pólvora
33 No llorés mi amor
34 No hay nada peor
35 Padre nuestro
36 Pobres niños, niños pobres
37 En El Salvador
38 A las 8 de la noche de viernes
39 Busco tu nombre
40 Transitando por Salvador del Mundo
41 Hay hombres llamando a la estación de radio
42 Antes de dormir pensé en ti
43 Me gustaría tener un perro
44 Ayer te fuiste
45 Cada vez que Delia me abraza y me empierna
46 Desperté envuelto en nuestros pecados
47 Cuando te fuiste

48 Esta noche salió
49 Juro que ayer vi
50 Ayer murió
51 Hubo un día
52 Ahora soy un confeti
53 Quisiera ser
54 Me gusta cuando llueve en Diciembre
55 A pesar del incremento del calor de las brazas
56 El calor no se cansa en San Salvador
57 Cuando sea grande quiero ser diputado
58 Los nietos de los presidentes de la posguerra
59 La línea de latas
60 A veces imagino mi muerte
61 No sé que tiene una vejiga roja
62 En la casa hay una pequeña caja de voces
63 Aun cuando estoy contigo
64 Se busca plaza para DIOS
65 La radio me pide arrepentimiento
66 Para Dios somos una película pornográfica
67 Somalia
68 Vi el fin del cielo
69 Polaroids del final

ANDRES NORMAN CASTRO

(San Salvador, El Salvador, 1989)

Estudiante de Psicología y educador bilingüe.

Parcialmente traducido al portugués y al francés. Incluido en antologías, revistas literarias, periódicos y programas radiales en gran parte del continente americano, así como en España.

Ha participado en Festivales y encuentros internacionales de poesía en El Salvador y Chile.

Ha publicado los poemarios "Al sexto día" (La Picadora de Papel, Chile, 2010) y "Embutido de ángel y bestia" (La Cabuda Cartonera, El Salvador, 2011)

Vive con Delia y Gabriel, el hijo de ambos.

Otros títulos de la serie poética club:

00. Hotel de los amores fallidos.
Alberto Arzú.
01. Frustrada soledad.
Paola Rosal.
02. Ataúdes de mi memoria.
Karla Suanni González.
03. Entre violines!
Erick Zamora.
04. Café de los corazones solitarios.
Alberto Arzú.
05. Telegramas para llevar.
Walter Donovan Joj (Vagabundo).
06. El teatro, circo y manicomio de tu vida.
José Alvarado.
07. La fría hoguera de las palabras.
Rudy Alfonzo Gomez Rivas.
08. El trapecio de aserrín.
Walter González.
09. No soy poeta.
Carolina Pineda.
10. Híbrida
Evelyn Yazmin Macario Pérez

chuleta de cerdo editorial chuleta de cerdo editorial
chuleta de cerdo editorial chuleta de cerdo editorial
chuleta de cerdo editorial chuleta de cerdo editorial
chuleta de cerdo editorial chuleta de cerdo editorial
chuleta de cerdo editorial chuleta de cerdo editorial
chuleta de cerdo editorial chuleta de cerdo editorial
chuleta de cerdo editorial chuleta de cerdo editorial
chuleta de cerdo editorial chuleta de cerdo editorial
chuleta de cerdo editorial chuleta de cerdo editorial
chuleta de cerdo editorial chuleta de cerdo editorial
chuleta de cerdo editorial chuleta de cerdo editorial
chuleta de cerdo editorial chuleta de cerdo editorial
chuleta de cerdo editorial chuleta de cerdo editorial
chuleta de cerdo editorial chuleta de cerdo editorial
chuleta de cerdo editorial chuleta de cerdo editorial
chuleta de cerdo editorial chuleta de cerdo editorial
chuleta de cerdo editorial chuleta de cerdo editorial
chuleta de cerdo editorial chuleta de cerdo editorial
chuleta de cerdo editorial chuleta de cerdo editorial
chuleta de cerdo editorial chuleta de cerdo editorial
chuleta de cerdo editorial chuleta de cerdo editorial
chuleta de cerdo editorial chuleta de cerdo editorial
chuleta de cerdo editorial chuleta de cerdo editorial
chuleta de cerdo editorial chuleta de cerdo editorial
chuleta de cerdo editorial chuleta de cerdo editorial
chuleta de cerdo editorial chuleta de cerdo editorial
chuleta de cerdo editorial chuleta de cerdo editorial
chuleta de cerdo editorial chuleta de cerdo editorial
chuleta de cerdo editorial chuleta de cerdo editorial

chuleta de cerdo editorial chuleta de cerdo editorial
chuleta de cerdo editorial chuleta de cerdo editorial
chuleta de cerdo editorial chuleta de cerdo editorial
chuleta de cerdo editorial chuleta de cerdo editorial
chuleta de cerdo editorial chuleta de cerdo editorial
chuleta de cerdo editorial chuleta de cerdo editorial
chuleta de cerdo editorial chuleta de cerdo editorial
chuleta de cerdo editorial chuleta de cerdo editorial
chuleta de cerdo editorial chuleta de cerdo editorial
chuleta de cerdo editorial chuleta de cerdo editorial
chuleta de cerdo editorial chuleta de cerdo editorial
chuleta de cerdo editorial chuleta de cerdo editorial
chuleta de cerdo editorial chuleta de cerdo editorial
chuleta de cerdo editorial chuleta de cerdo editorial
chuleta de cerdo editorial chuleta de cerdo editorial
chuleta de cerdo editorial chuleta de cerdo editorial
chuleta de cerdo editorial chuleta de cerdo editorial
chuleta de cerdo editorial chuleta de cerdo editorial
chuleta de cerdo editorial chuleta de cerdo editorial
chuleta de cerdo editorial chuleta de cerdo editorial
chuleta de cerdo editorial chuleta de cerdo editorial
chuleta de cerdo editorial chuleta de cerdo editorial
chuleta de cerdo editorial chuleta de cerdo editorial
chuleta de cerdo editorial chuleta de cerdo editorial
chuleta de cerdo editorial chuleta de cerdo editorial
chuleta de cerdo editorial chuleta de cerdo editorial
chuleta de cerdo editorial chuleta de cerdo editorial
chuleta de cerdo editorial chuleta de cerdo editorial
chuleta de cerdo editorial chuleta de cerdo editorial
chuleta de cerdo editorial chuleta de cerdo editorial

www.ingramcontent.com/pod-product-compliance
Lightning Source LLC
Chambersburg PA
CBHW031458040426
42444CB00007B/1143